FORMANDO DISCÍPULOS RADICALES

Formando Discípulos Radicales

Un manual para facilitar la formación de discípulos en grupos de crecimiento, grupos en casa y viajes de misiones a corto plazo, llevando a movimientos de levantamiento de iglesia.

Por Daniel B. Lancaster, Ph. D.

Publicado por: T4T Press

Primera impresión: 2011

ISBN 978-1-938920-31-8 impreso

Library of Congress Cataloging-in-Publication Data

Lancaster, Daniel B.

Formando Discípulos Radicales: Un manual para facilitar la formación de discípulos en grupos de crecimiento, grupos en casa y viajes de misiones a corto plazo, llevando a movimientos de levantamiento de iglesias. /Daniel B. Lancaster.

Incluye referencias bibliográficas.

ISBN 978-1-938920-31-8

Siguiendo el Entrenamiento de Jesús: Discipulado Básico—Estados Unidos I. Titulo.

Contenido

Entrenamiento

Referencia

1

Bienvenidos

Bienvenidos abre la sesión de entrenamiento o seminario introduciendo así a los entrenadores y alumnos. Los entrenadores introducen ocho fotografías de Jesús a los alumnos de la siguiente manera: Soldado, Buscador, Pastor, Sembrador, Hijo, Santo, Sirviente y Administrador – con movimientos de manos que ayudan a la descripción de cada palabra. Ya que las personas aprenden escuchando, viendo y haciendo. "Siguiendo el entrenamiento de Jesús" incorpora cada una de estas maneras de aprendizaje en cada sesión.

La Biblia dice que el Espíritu Santo es nuestro maestro; Los alumnos son motivados a depender del Espíritu Santo a través del entrenamiento. La sesión termina abriendo un "tea shop" o "tiempo de meditación" para proveer así una atmosfera mas relajada entre los entrenadores y los alumnos, el mismo ambiente que los discípulos disfrutaban con Jesús.

ADORACION

COMIENZO

Presentando a los Entrenadores

Presentando a los aprendices

Presentando a Jesús

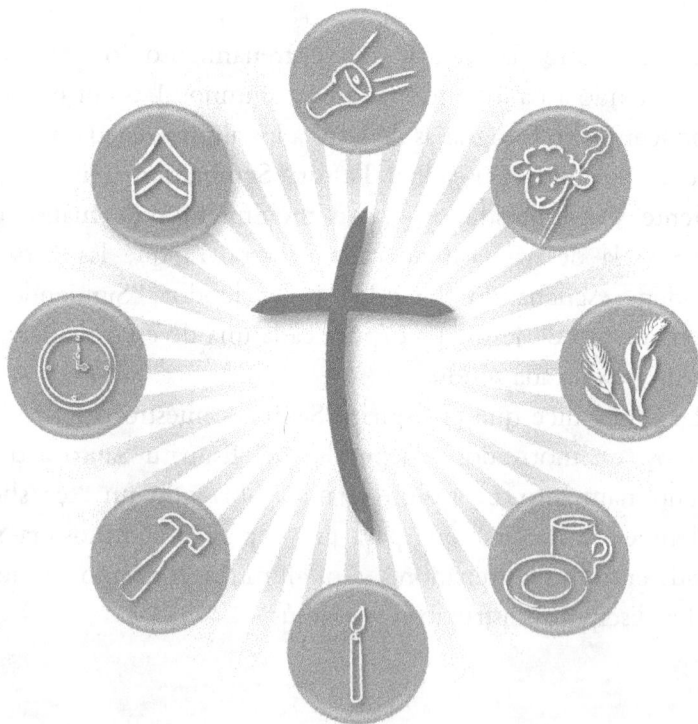

OCHO FOTOGRAFÍAS DE JESÚS EN LA BIBLIA:

🖐 Soldado

   Alza la espada

🖐 Buscador

   Mira de un lado a otro con la mano sobre sus ojos.

🖐 Pastor

   Mueve tus manos hacia tu cuerpo como si
   estuvieras juntando personas.

🖐 Sembrador

   Lanza semillas con sus manos.

🖐 Hijo

   Mueve tus manos hacia la boc a como si comieras.

🖐 Santo

   Pon las manos en pose de oración.

🖐 Sirviente

   Esgrime un martillo

🖐 Administrador

   Saca dinero de su bolsillo o su cartera.

¿Cuáles Son Tres Formas En Las Que Aprendemos Mejor?

🖐 Escuchar

Pon tu mano sobre tu oreja

🖐 Viendo

Señala tus ojos

🖐 Haciendo

Haciendo un movimiento ondulante con tus manos

FINAL

¡El "te shop" o "tiempo de meditación" se abre! ❧

—Lucas 7:31-35–31 «Entonces, ¿con qué puedo comparar a la gente de esta generación? ¿A quién se parecen ellos?[32] Se parecen a niños sentados en la plaza que se gritan unos a otros: »"Tocamos la flauta y ustedes no bailaron; entonamos un canto fúnebre, y ustedes no lloraron."[33] Porque vino Juan el Bautista, que no comía pan ni bebía vino, y ustedes dicen: "Tiene un demonio."[34] Vino el Hijo del hombre, que come y bebe, y ustedes dicen: "Éste es un glotón y un borracho, amigo de recaudadores de impuestos y de pecadores."[35] Pero la sabiduría queda demostrada por los que la siguen.»

2

Multiplica

Multiplica introduce a Jesús como un Administrador: Un administrador quiere una buena devolución por su tiempo y dinero y ellos desean vivir con integridad. Los Alumnos ganan una visión productiva, explorando así lo siguiente: 1) El primer mandamiento dado por Dios a la humanidad. 2) El último mandamiento de Jesús a la humanidad. 3) Los 222 principios, 4) La diferencia entre el Mar de Galilea y el Mar Muerto.

La lección termina con un tipo de aprendizaje de forma dinámica, ya sea un "skit" (pequeño drama) que demuestre la diferencia entre "ceder" o producir, entre entrenar a otros y enseñarles a medias. Los alumnos son retados a entrenar a otras personas y enseñarles a adorar, orar estudiar la palabra de Dios y ministrar a otros. Con esta inversión de tiempo, dinero e integridad los alumnos serán capaces de dar a Jesús un regalo increíble cuando le vean en el cielo.

ADORACIÓN

ORACIÓN

ESTUDIAR

Repasen

¿Cuales son las ocho fotografías que nos ayudan a seguir a Jesús?

Nuestra Vida Espiritual Es Como Un Globo ∞

¿Como Es Jesús?

—Mateo 6:20-21— 20 Más bien, acumulen para sí tesoros en el cielo, donde ni la polilla ni el óxido carcomen, ni los ladrones se meten a robar. 21 Porque donde esté tu tesoro, allí estará también tu corazón.

✋ Pretende sacar dinero de tu bolsillo o cartera.

¿Cuales son Tres Cosas que los Administradores Hacen?

[14] »*El reino de los cielos será también como un hombre que, al emprender un viaje, llamó a sus *siervos y les encargó sus bienes.* [15] *A uno le dio cinco mil monedas de oro,[*] a otro dos mil y a otro sólo mil, a cada uno según su capacidad. Luego se fue de viaje.* [16] *El que había recibido las cinco mil fue en seguida y negoció con ellas y ganó otras cinco mil.* [17] *Así mismo, el que recibió dos mil ganó otras dos mil.* [18] *Pero el que había recibido mil fue, cavó un hoyo en la tierra y escondió el dinero de su señor.* [19] »*Después de mucho tiempo volvió el señor de aquellos siervos y arregló cuentas con ellos.* [20] *El que había recibido las cinco mil monedas llegó con las otras cinco mil. "Señor —dijo—, usted me encargó cinco mil monedas. Mire, he ganado otras cinco mil."* [21] *Su señor le respondió: "¡Hiciste bien, siervo bueno y fiel! En lo poco has sido fiel; te pondré a cargo de mucho más. ¡Ven a compartir la felicidad de tu señor!"* [22] *Llegó también el que recibió dos mil monedas. "Señor —informó—, usted me encargó dos mil monedas. Mire, he ganado otras dos mil."* [23] *Su señor le respondió: "¡Hiciste bien, siervo bueno y fiel! Has sido fiel en lo poco; te pondré a cargo de mucho más. ¡Ven a compartir la felicidad de tu señor!"* [24] »*Después llegó el que había recibido sólo mil monedas. "Señor —explicó—, yo sabía que usted es un hombre duro, que cosecha donde no ha sembrado y recoge donde no ha esparcido.* [25] *Así que tuve miedo, y fui y escondí su dinero en la tierra. Mire, aquí tiene lo que es suyo."* [26] *Pero su señor le contestó: "¡Siervo malo y perezoso! ¿Así que sabías que cosecho donde no he sembrado y recojo donde no he esparcido?* [27] *Pues debías haber depositado mi dinero en el banco, para que a mi regreso lo hubiera recibido con intereses.* [28] »* " Quítenle las mil monedas y dénselas al que tiene las diez mil.*

1. _____

2. _____

3. _____

¿Cuál Fue el Primer Mandamiento de Dios a la Humanidad?

—Génesis 1:28— [28] y los bendijo con estas palabras: «Sean fructíferos y multiplíquense; llenen la tierra y sométanla; dominen a los peces del mar y a las aves del cielo, y a todos los reptiles que se arrastran por el suelo.»

_____

¿Cual Fue El Ultimo Mandamiento De Jesús A La Humanidad?

—Marcos 16:15— Les dijo: «Vayan por todo el mundo y anuncien las buenas *nuevas a toda criatura.

_____

¿Cómo Puedo Llegar a Ser Fructífero y Multiplicarme?

—2 Timoteo 2:2— [2] Lo que me has oído decir en presencia de muchos testigos, encomiéndalo a creyentes dignos de confianza, que a su vez estén capacitados para enseñar a otros.

_____

Mar de Galilea/ Mar Muerto ✧

Versículo de Memoria

—Juan 15:18— [18] *»Si el mundo los aborrece, tengan presente que antes que a ustedes, me aborreció a mí.*

PRACTICA

"La persona *menor* en el grupo, será el líder."

FINAL

Un Regalo para Jesús ❧

🖐 Alabanza
> Levanta tus manos en símbolo de adoración a Dios.

🖐 Ora
> Pon tus manos en pose de oración.

🖐 Estudiar la Biblia
> Pon tus manos en una pose como si estuvieras estudiando un libro.

🖐 Comparte de Jesús a otros
> Haz una mímica con tus manos como si estuvieras tirando semillas.

3

Amor

Amor Introduce a Jesús como un Pastor: Los pastores guían, protegen y alimentan a sus ovejas. Nosotros ¨alimentamos¨ personas, cuando les enseñamos acerca de la palabra de Dios, pero ¿Qué será la primera cosa que debemos enseñarle a las personas de Dios? Los aprendices exploran el mandamiento más importante, identificando así quien es la fuente de amor y descubren como adorar basados en el mandamiento más importante,

Los aprendices aprenden a liderar un grupo de discípulos con cuatro elementos clave: Adoración (amando a Dios con todo tu corazón), oración (amando a Dios con todo tu ser), estudiando La Biblia (Amando a Dios con toda tu mente) y practicando una habilidad (para amar a Dios con todas nuestras fuerzas). Un último drama, ¨Ovejas y Tigres, ¨ demuestra la necesidad de muchos grupos de discípulos entre los creyentes.

ADORACIÓN

ORACIÓN

1. ¿De que manera podemos orar por personas que están perdidas y sabemos que necesitan ser salvadas?
2. ¿Cómo podemos orar por el grupo al que estas entrenando?

ESTUDIAR

Repasen

¿Cuales son las ocho fotografías que nos ayudan a seguir a Jesús?

Multipliquen

¿Cuáles son las tres cosas que un administrador hace?
¿Cuál fue el primer mandamiento que dio Dios a la humanidad?
¿Cuál fue el último mandamiento que dio Dios a la humanidad?
¿Cómo puedo ser fructífero y multiplicar?
¿Cuál es el nombre de los dos mares ubicados en Israel?
¿Por qué son tan diferentes?
¿A cual te quieres llegar a parecer?

¿Como Es Jesús?

—Marcos 6:34— ³⁴ Cuando Jesús desembarcó y vio tanta gente, tuvo compasión de ellos, porque eran como ovejas sin pastor. Así que comenzó a enseñarles muchas cosas.

✋ Mueve tus manos hacia tu cuerpo como que si estuvieras juntando personas.

¿Cuáles son Tres Cosas que Hace un Pastor?

—Salmos 23:1-6— 1 El Señor es mi *pastor, nada me falta; en verdes pastos me hace descansar. Junto a tranquilas aguas me conduce; me infunde nuevas *fuerzas. Me guía por sendas de *justicia por amor a su *nombre. Aun si voy por valles tenebrosos, no temo peligro alguno porque tú estás a mi lado; tu vara de pastor me reconforta. Dispones ante mí un banquete en presencia de mis enemigos. Has ungido con perfume mi cabeza; has llenado mi copa a rebosar. La bondad y el amor me seguirán todos los días de mi vida; y en la casa del Señor habitaré para siempre.

1. _____

2. _____

3. _____

¿Cuál es el Mandamiento Mas Importante que Debemos Enseñar a Otros?

—Marcos 12:28-31— Uno de los *maestros de la ley se acercó y los oyó discutiendo. Al ver lo bien que Jesús les había contestado, le preguntó: —De todos los mandamientos, ¿cuál es el más importante? —El más importante es: "Oye, Israel. El Señor nuestro Dios es el único Señor —contestó Jesús—. Ama al Señor tu Dios con todo tu corazón, con toda tu alma, con toda tu mente y con todas tus fuerzas." El segundo es: "Ama a tu prójimo como a ti mismo." No hay otro mandamiento más importante que éstos.

1. _____

🖐 Alza tus manos hacia Dios.

2. _____

🖐 Alza tus manos hacia tus compañeros.

¿De Donde Viene El Amor?

—1 Juan 4:7, 8— Queridos hermanos, amémonos los unos a los otros, porque el amor viene de Dios, y todo el que ama ha nacido de él y lo conoce. El que no ama no conoce a Dios, porque Dios es amor.

_____

18

🖐 Alza tus manos como que si estuvieras recibiendo amor y luego dando amor a Dios.

🖐 Alza tus manos como si estuvieras recibiendo amor, luego alza tus manos hacia tus alumnos como si estuvieras esparciendo amor.

¿Qué es una Adoración Sencilla?

🖐 Alabanza
   Levanta tus manos en símbolo de adoración a Dios.

🖐 Ora
   Pon tus manos en pose de oración.

🖐 Estudiar la Biblia
   Pon tus manos en una pose como si estuvieras estudiando un libro.

🖐 Comparte de Jesús a otros
   Haz una mímica con tus manos como si estuvieras tirando semillas.

¿Por qué tenemos una adoración sencilla?

—Marcos 12:30— Ama al Señor tu Dios con todo tu corazón, con toda tu alma, con toda tu mente y con todas tus fuerzas.

Nosotros…	Entonces Nosotros	Movimiento de Manos
Amamos a Dios con todo nuestro corazón	Adoración	Pon tus manos sobre tu Corazón y luego levantalas en son de adoración a Dios.
Amamos a Dios con todo nuestro ser	Oración	Pon tus manos a los lados y luego pon tus manos en posición de oración
Amamos a Dios con toda nuestra mente	Estudiar	Pon tus manos en el lado derecho de tu cabeza como que si estuvieras pensando y luego pon tus manos haciendo la mímica como si estuvieras leyendo un libro.
Amamos a Dios con todas nuestras fuerzas	Comparte lo que hemos aprendido (Practica)	Levanta tus brazos y flexiona los músculos, luego estira tus manos en señal de esparcir semillas.

¿Cuántas Personas Toma para Tener Una Adoración Sencilla?

—Mateo 18:20— Porque donde dos o tres se reúnen en mi nombre, allí estoy yo en medio de ellos.

Versículo de Memoria

—Juan 13:34,35— Este mandamiento nuevo les doy: que se amen los unos a los otros. Así como yo los he amado, también ustedes deben amarse los unos a los otros. De este modo todos sabrán que son mis discípulos, si se aman los unos a los otros.

PRACTICA

"La persona *mayor* en el grupo, será el líder."

FINAL

Adoración Simple

1. ¿Que es lo que esta historia nos dice sobre Dios?
2. ¿Qué es lo que esta historia nos dice sobre las personas?
3. ¿Cómo nos puede esta historia ayudar a seguir a Jesús?

¿Por qué es Importante que Empieces un Grupo de Discipulado?

OBEJAS Y TIGRES ❧

4

Oración

Oración introduce a los alumnos a Jesús como "El Único." Él vive una vida santa y muere por nosotros en una cruz. Dios nos manda ser santos a medida que seguimos a Jesús. Un santo adora a Dios, vive una vida santa y ora por otros. Seguir el ejemplo de Jesús en una oración, nosotros adoramos a Dios, nos arrepentimos de nuestros pecados, le pedimos a Dios por las cosas que necesitamos y cedemos a lo que Él nos pide.

Dios contesta a nuestras oración en una de cuatro maneras: No (si pedimos por los motivos incorrectos), despacio (si lo que le pedimos no esta bien), crecer (si debemos madurar mas antes de que el de su respuesta), o sigue (si oramos de acuerdo a su palabra y voluntad). Los alumnos deben memorizar el número de teléfono de Dios: 3-3-3. Basado en Jeremías 33:3 y son motivados a "llamar" a Dios todos los días.

Adoración

Oración

1. ¿De que manera podemos orar por personas que están perdidas y sabemos que necesitan ser salvadas?
2. ¿Cómo podemos orar por el grupo al que estas entrenando?

Estudiar

El Juego del Telegrama ∞

Repaso

¿Cuales son las ocho fotografías que nos ayudan a seguir a Jesús?

Multipliquen
¿Cuáles son las tres cosas que un administrador hace?
¿Cuál fue el primer mandamiento que Dios dio a la humanidad?
¿Cuál fue el último mandamiento que dio Dios a la humanidad?
¿Cómo puedo ser fructífero y multiplicar?
¿Cuál es el nombre de los dos mares ubicados en Israel?
¿Por qué son tan diferentes?
¿A cual te quieres llegar a parecer?

Amar
¿Cuáles son tres cosas que hace un pastor?
¿Cuál es el mandamiento más importante que debemos enseñar?
¿De donde viene el amor?
¿Qué es la Adoración Sencilla?

¿Por qué tenemos Adoración Sencilla?

¿Cuántas personas toma para tener una Adoración Sencilla?

¿Como Es Jesús?

—Lucas 4:33-35— Había en la sinagoga un hombre que estaba poseído por un espíritu maligno, quien gritó con todas sus fuerzas: — ¡Ah! ¿Por qué te entrometes, Jesús de Nazaret? ¿Has venido a destruirnos? Yo sé quién eres tú: ¡el Santo de Dios! — ¡Cállate! —Lo reprendió Jesús—. ¡Sal de ese hombre! Entonces el demonio derribó al hombre en medio de la gente y salió de él sin hacerle ningún daño.

Pon tus manos en pose de oración.

¿Cuáles son Tres Cosas que Hace un Santo?

—Mateo 21:12-16— Jesús entró en el templo y echó de allí a todos los que compraban y vendían. Volcó las mesas de los que cambiaban dinero y los puestos de los que vendían palomas. «Escrito está —les dijo—: "Mi casa será llamada casa de oración"; pero ustedes la están convirtiendo en "cueva de ladrones".» Se le acercaron en el templo ciegos y cojos, y los sanó. Pero cuando los jefes de los sacerdotes y los *maestros de la ley vieron que hacía cosas maravillosas, y que los niños gritaban en el templo: «¡Hosanna al Hijo de David!», se indignaron. — ¿Oyes lo que ésos están diciendo? —protestaron. — Claro que sí —respondió Jesús—; ¿no han leído nunca: »"En los labios de los pequeños y de los niños de pecho has puesto la perfecta alabanza?"

25

1. _____

2. _____

3. _____

¿Cómo Debemos Orar?

—Lucas 10:21— En aquel momento Jesús, lleno de alegría por el Espíritu Santo, dijo: «Te alabo, Padre, Señor del cielo y de la tierra, porque habiendo escondido estas cosas de los sabios e instruidos, se las has revelado a los que son como niños. Sí, Padre, porque esa fue tu buena voluntad.

1. _____

🖐 Levanta tus manos en símbolo de adoración.

—Lucas 18:10-14— «Dos hombres subieron al *templo a orar; uno era *fariseo, y el otro, *recaudador de impuestos. El fariseo se puso a orar consigo mismo: "Oh Dios, te doy gracias porque no soy como otros hombres —ladrones, mal-hechores, adúlteros— ni mucho menos como ese recaudador de impuestos. Ayuno dos veces a la semana y doy la décima parte de todo lo que recibo." En cambio, el recaudador de impuestos, que se había quedado a cierta distancia, ni siquiera se atrevía a alzar la vista al cielo, sino que se golpeaba el pecho y decía: "¡Oh Dios, ten compasión de mí, que soy pecador!" »Les digo que éste, y no aquél, volvió a su casa *justificado ante Dios. Pues todo el que a sí mismo se enaltece será humillado, y el que se humilla será enaltecido.»

2. _____

🖐 Nuestras manos cubren nuestra cara; la cabeza viendo hacia otro lado.

–*Lucas 11:9*– *Así que yo les digo: Pidan, y se les dará; busquen, y encontrarán; llamen, y se les abrirá la puerta.*

3. _____

🖐 Pon tus manos como si estuvieran listas para recibir algo

–*Lucas 22:42*– *«Padre, si quieres, no me hagas beber este trago amargo; pero no se cumpla mi voluntad, sino la tuya.»*

4. _____

🖐 Ponga sus manos juntas en oración y levántelas hasta su frente en símbolo de respeto

Oren Juntos

¿Cómo Responderá Dios?

–*Mateo 20:20-22*– *Entonces la madre de ★Jacobo y de Juan, junto con ellos, se acercó a Jesús y, arrodillándose, le pidió un favor. — ¿Qué quieres? —le preguntó Jesús. — Ordena que en tu reino uno de estos dos hijos míos se siente a tu derecha y el otro a tu izquierda. — No saben lo que están pidiendo —les replicó Jesús—. ¿Pueden acaso beber el trago amargo de la copa que yo voy a beber? —Sí, podemos.*

1. _____

✋ Mueve tu mano en movimiento de ¨no¨

–Juan 11:11-15– Dicho esto, añadió: —Nuestro amigo Lázaro duerme, pero voy a despertarlo. —Señor —respondieron sus discípulos—, si duerme, es que va a recuperarse. Jesús les hablaba de la muerte de Lázaro, pero sus discípulos pensaron que se refería al sueño natural. Por eso les dijo claramente: —Lázaro ha muerto, y por causa de ustedes me alegro de no haber estado allí, para que crean. Pero vamos a verlo.

2. _____

✋ Pon tus manos como si estuvieras deteniendo un carro.

–Lucas 9:51-56– Como se acercaba el tiempo de que fuera llevado al cielo, Jesús se hizo el firme propósito de ir a Jerusalén. Envió por delante mensajeros, que entraron en un pueblo samaritano para prepararle alojamiento; pero allí la gente no quiso recibirlo porque se dirigía a Jerusalén. Cuando los discípulos Jacobo y Juan vieron esto, le preguntaron: —Señor, ¿quieres que hagamos caer fuego del cielo para que los destruya? Pero Jesús se volvió a ellos y los reprendió. Luego siguieron la jornada a otra aldea.

3. _____

✋ Las manos se mueven como una planta en crecimiento.

–Juan 15:7– Si permanecen en mí y mis palabras permanecen en ustedes, pidan lo que quieran, y se les concederá.

4. _____

✋ Movemos nuestra cabeza en símbolo de aprobación y nuestras manos en símbolo de ¨anda¨.

Versículo de Memoria

–Lucas 11:9– Así que yo les digo: Pidan, y se les dará; busquen, y encontrarán; llamen, y se les abrirá la puerta.

PRACTICA

¨La persona *bajo* en el grupo, será el líder.¨

FINAL

El Número de Teléfono de Dios ☙

–Jeremias 33:3– "Clama a mí y te responderé, y te daré a conocer cosas grandes y ocultas que tú no sabes."

Dos Manos- Diez Dedos ☙

5

Obedece

Obedece introduce a los alumnos a aprender de Jesús como un Sirviente: los sirvientes ayudan a la gente; tienen un corazón humilde y obedecen a su maestro. De la misma manera en que Jesús siguió y obedeció a su Padre, así seguimos y servimos nosotros a Jesús. Como él tiene toda la autoridad, él nos has dado cuatro mandamientos que debemos obedecer: ir, formar discípulos, bautizarnos y enseñar a otros a obedecer los mandamientos que él ha dado. Jesús también prometió que siempre estaría con nosotros. Cuando Jesús da un mandamiento, nosotros debemos obedecerlo inmediatamente y todo el tiempo, con un corazón de amor.

Todo el mundo tiene tormentas en su vida, pero el hombre sabio construye su vida siguiendo los mandamientos de Jesús; el hombre imprudente no hace lo mismo. Finalmente los alumnos empiezan un mapa de Hechos 29, una imagen de su campo de cosecha, el cual ellos presentaran al final de su Seminario de Discipulado.

Adoración

Oración

1. Como podemos orar por la gente perdida que se puede salvar?
2. Como podemos orar por el grupo que estas entrenando?

Estudio

¡Haz el baile del pollo! ❦

Repaso

¿Cuales Son Ocho Imágenes Que Nos Ayudan A Seguir A Jesús?

Multiplica
> *¿Qué son tres cosas que hace un administrador?*
> *¿Cuál fue el primer mandamiento de Dios para el hombre?*
> *¿Cuál fue el último mandamiento de Jesús para el hombre?*
> *¿Cómo puedo prosperar ser multiplicado?*
> *¿Cuáles son dos mares ubicados en Israel?*
> *¿Por qué son tan diferentes?*
> *¿Cómo cual quieres ser?*

Amar
> *¿Qué son tres cosas que hace un pastor?*
> *¿Cuál es el mandamiento más importante de enseñarle a otros?*
> *¿De donde viene el amor?*
> *¿Qué es la Adoración Simple?*

¿Por qué tenemos la Adoración Simple?

¿Cuánto gente es necesario para tener la Adoración Simple?

Oración

¿Qué son tres cosas que hace un santo?

¿Cómo deberíamos orar?

¿Cómo nos contestara Dios?

¿Cuál es el numero de teléfono de Dios?

¿Como es Jesús?

—Marcos 10:45— Porque ni aun el Hijo del hombre vino para que le sirvan, sino para servir y para dar su vida en rescate por muchos. (NVI)

✋ Finge martillar

¿Que Son Tres Cosas Que Hace Un Sirviente?

—Filipenses 2:5-8— La actitud de ustedes debe ser como la de Cristo Jesús quien, siendo por naturaleza Dios, no consideró el ser igual a Dios como algo a qué aferrarse. Por el contrario, se rebajó voluntariamente, tomando la naturaleza[b] de siervo y haciéndose semejante a los seres humanos. Y al manifestarse como hombre, se humilló a sí mismo y se hizo obediente hasta la muerte, ¡y muerte de cruz!

1. _____

2. _____

3. _____

¿Quién Tiene La Mas Grande Autoridad En El Mundo?

—Mateo 28:18— Jesús se acercó entonces a ellos y les dijo: —Se me ha dado toda autoridad en el cielo y en la tierra.

¿Cuáles Son Cuatro Mandamientos Que Jesús Ha Dado A Cada Creyente?

—Mateo 28:19-20ª— Por tanto, vayan y hagan discípulos de todas las *naciones, bautizándolos en el nombre del Padre y del Hijo y del Espíritu Santo, enseñándoles a obedecer todo lo que les he mandado a ustedes.

1. _____

   ✋ Mueve los dedos mientras caminas.

2. _____

   ✋ Usa los cuatro gestos de mano de la Adoración Simple: adoración, oración, estudio, práctica.

3. _____

   ✋ Pon tu mano sobre tu codo opuesto; mueve el codo de arriba hacia abajo como si alguien se estuvieran bautizando.

4. _____

✋ Pon tus manos juntas como si estuvieras leyendo un libro, luego mueve el libro de un lado hacia el otro de derecha a izquierda como si le estuvieras enseñando a la gente.

¿Como Deberíamos Obedecer A Jesús?

1. _____

✋ Mueve la mano derecha de tu lado izquierdo a tu lado derecho.

2. _____

✋ Mueve las manos de arriba hacia abajo en un movimiento cortante.

3. _____

✋ Cruza las manos sobre el pecho y luego levántalas en adoración a Dios.

¿Qué Le Prometió Jesús A Cada Creyente?

—*Mateo 28: 20b—Y les aseguro que estaré con ustedes siempre, hasta el fin del mundo.*

Versículo De Memoria

–Juan 15:10– Si obedecen mis mandamientos, permanecerán en mi amor, así como yo he obedecido los mandamientos de mi Padre y permanezco en su amor.

PRÁCTICA

"La persona mas alta en la pareja será el líder."

FINAL

Construyendo Sobre Un Verdadero Cimiento ☙

–Mateo 7:24-25– Por tanto, todo el que me oye estas palabras y las pone en práctica es como un hombre prudente que construyó su casa sobre la roca. Cayeron las lluvias, crecieron los ríos, y soplaron los vientos y azotaron aquella casa; con todo, la casa no se derrumbó porque estaba cimentada sobre la roca.

–Mateo 7: 26-27– Pero todo el que me oye estas palabras y no las pone en práctica es como un hombre insensato que construyó su casa sobre la arena. Cayeron las lluvias, crecieron los ríos, y soplaron los vientos y azotaron aquella casa, y ésta se derrumbó, y grande fue su ruina.

Mapa de Hechos 29 – Parte 1 ☙

6

Caminar

Caminar presenta a Jesús como un Hijo: un hijo/hija honra a su padre, desea unidad y quiere que la familia prospere. El Padre llamaba a Jesús "amado" y el Espíritu Santo descendió sobre Jesús en su bautismo. Jesús fue exitoso en su ministerio porque él dependía en el poder del Espíritu Santo.

De la misma manera, debemos depender del poder Espíritu Santo en nuestras vidas. Tenemos cuatro mandamientos que obedecer reguardando al Espíritu Santo: camina con el Espíritu, no agravies al Espíritu, se lleno del Espíritu y no sofoques al Espíritu. Jesús esta hoy con nosotros y nos quiere ayudar así como ayudo a la gente en los caminos de Galilea. Podemos llamar a Jesús si necesitamos sanidad de algo que nos esta impidiendo seguirlo.

ADORACIÓN

ORACIÓN

1. Como podemos orar por la gente perdida que se puede salvar?
2. Como podemos orar por el grupo que estas entrenando?

ESTUDIO

Sin Gasolina ❧

Repaso

¿Cuales Son Ocho Imágenes Que Nos Ayudan A Seguir A Jesús?

Multiplica
¿Qué son tres cosas que hace un administrador?
¿Cuál fue el primer mandamiento de Dios para el hombre?
¿Cuál fue el último mandamiento de Jesús para el hombre?
¿Cómo puedo prosperar ser multiplicado?
¿Cuáles son dos mares ubicados en Israel?
¿Por qué son tan diferentes?
¿Cómo cual quieres ser?

Amar
¿Qué son tres cosas que hace un pastor?
¿Cuál es el mandamiento más importante de enseñarle a otros?
¿De donde viene el amor?

¿Qué es la Adoración Simple?
¿Por qué tenemos la Adoración Simple?
¿Cuánto gente es necesario para tener la Adoración Simple?

Oración

¿Qué son tres cosas que hace un santo?
¿Cómo deberíamos orar?
¿Cómo nos contestara Dios?
¿Cuál es el número de teléfono de Dios?

Obedecer

¿Qué son tres cosas que hace un sirviente?
¿Quién tiene la autoridad más grande?
¿Cuáles son los cuatro mandamientos que Jesús ha dado a cada creyente?
¿Cómo debemos obedecer a Jesús?
¿Qué nos prometió Jesús?

¿Como es Jesús?

—Mateo 3:16-17— Tan pronto como Jesús fue bautizado, subió del agua. En ese momento se abrió el cielo, y él vio al Espíritu de Dios bajar como una paloma y posarse sobre él. Y una voz del cielo decía: «Éste es mi Hijo amado; estoy muy complacido con él.

Mueve tus manos hacia la boca como si comieras. ¡Los hijos comen mucho!

¿Qué Son Tres Cosas Que Hace Un Hijo?

—Juan 17:4, 18-21—(Jesús dijo...) Yo te he glorificado en la tierra, y he llevado a cabo la obra que me encomendaste. Como tú me enviaste al mundo, yo los envío también al mundo. Y por ellos me santifico a mí mismo, para que también ellos sean santificados en la verdad. No ruego sólo por éstos. Ruego también por los que han de creer en mí por el mensaje de ellos, para que todos sean uno. Padre, así como tú estás en mí y yo en ti, permite que ellos también estén en nosotros, para que el mundo crea que tú me has enviado.

1. _____

2. _____

3. _____

¿Por qué fue Exitoso el Ministerio de Jesús?

—Lucas 4:14—(luego de su tentación) Jesús regresó a Galilea en el poder del Espíritu, y se extendió su fama por toda aquella región.

_____

¿Qué Prometió Jesús Sobre el Espíritu Santo a los Creyentes Ante la Cruz?

—Juan 14:16-18—Y yo le pediré al Padre, y él les dará otro ★Consolador para que los acompañe siempre: el Espíritu de verdad, a quien el mundo no puede aceptar porque no lo ve ni lo conoce. Pero ustedes sí lo conocen, porque vive con

ustedes y estará[a] en ustedes. No los voy a dejar huérfanos; volveré a ustedes.

1. _____

2. _____

3. _____

4. _____

¿Qué Prometió Jesús Sobre el Espíritu Santo a los Creyentes Después de su Resurrección?

—Hechos 1:8— Pero cuando venga el Espíritu Santo sobre ustedes, recibirán poder y serán mis testigos tanto en Jerusalén como en toda Judea y Samaria, y hasta los confines de la tierra.

_____

¿Cuáles Son Cuatro Mandamientos Que Obedecer Reguardando Al Espíritu Santo?

—Gálatas 5:16— Así que les digo: Vivan por el Espíritu, y no seguirán los deseos de la naturaleza pecaminosa.

1. _____

🖐 "Camina" con tus dedos sobre tu mano.

−Efesios 4:30− No agravien al Espíritu Santo de Dios, con el cual fueron sellados para el día de la redención.

2. _____

🖐 Frota tus ojos como si lloraras luego mueve tu cabeza en señal de no.

−Efesios 5:18− No se emborrachen con vino, que lleva al desenfreno. Al contrario, sean llenos del Espíritu…

3. _____

🖐 Haz un movimiento de flujo con tus manos desde la punta de tus pies hasta la punta de tu cabeza.

−1 Tesalonicenses− No apaguen el Espíritu

4. _____

🖐 Levanta tu dedo índice como una candela. Actúa como si estas tratando de apagarla. Mueve tu cabeza en un símbolo de no.

Versículo de Memoria

−Juan 7:38− De aquel que cree en mí, como dice la Escritura, brotarán ríos de agua viva

PRÁCTICA

"La persona mas alta en la pareja será el líder."

FINAL

Jesús Esta Aquí ଔ

—Hebreos 13:8— Jesucristo es el mismo ayer y hoy y por los siglos.

—Mateo 15:30-31— Se le acercaron grandes multitudes que llevaban cojos, ciegos, lisiados, mudos y muchos enfermos más, y los pusieron a sus pies; y él los sanó. La gente se asombraba al ver a los mudos hablar, a los lisiados recobrar la salud, a los cojos andar y a los ciegos ver. Y alababan al Dios de Israel.

—Juan 10:10— El ladrón no viene más que a robar, matar y destruir; yo he venido para que tengan vida, y la tengan en abundancia.

7

Ve

Ve presenta a Jesús como un Buscador: los buscadores buscan nuevos lugares, gente perdida y nuevas oportunidades. ¿Como es que Jesús decidió donde ir y ministrar? No lo hizo el solo; él miro donde es que Dios estaba trabajando; él se unió a Dios; y el sabia que Dios lo amaba y que le mostraría. ¿Cómo deberíamos nosotros decidir donde tenemos que ir a ministrar? – dela misma forma que hizo Jesús.

¿Dónde esta trabajando Dios? El esta trabajando entre los pobres, presos, enfermos y oprimidos. Otro lugar donde Dios esta trabajando es nuestras familias. Él quiere salvar nuestras familias enteras. Los alumnos aprenden a localizar gente y lugares donde Dios esta trabajando, en su mapa de Hechos 29.

Adoración

Oración

1. Como podemos orar por la gente perdida que se puede salvar?
2. Como podemos orar por el grupo que estas entrenando?

Estudio

Repaso

¿Cuales Son Ocho Imágenes Que Nos Ayudan A Seguir A Jesús?

Amar
¿Qué son tres cosas que hace un pastor?
¿Cuál es el mandamiento más importante de enseñarle a otros?
¿De donde viene el amor?
¿Qué es la Adoración Simple?
¿Por qué tenemos la Adoración Simple?
¿Cuánto gente es necesario para tener la Adoración Simple?

Oración
¿Qué son tres cosas que hace un santo?
¿Cómo deberíamos orar?
¿Cómo nos contestara Dios?
¿Cuál es el número de teléfono de Dios?

Obedecer
¿Qué son tres cosas que hace un sirviente?
¿Quién tiene la autoridad más grande?
¿Cuáles son los cuatro mandamientos que Jesús ha dado a cada creyente?

¿Cómo debemos obedecer a Jesús?

¿Qué nos prometió Jesús?

Caminar

¿Qué son tres cosas que hace un hijo?

¿Cuál era la fuente de poder del ministerio de Jesús?

¿Qué prometió Jesús sobre el Espíritu Santo a los creyentes ante la cruz?

¿Qué prometió Jesús sobre el Espíritu Santo a los creyentes después de su resurrección?

¿Cuáles son cuatro mandamientos que debemos seguir sobre el Espíritu Santo?

¿Como es Jesús?

–Lucas 19:10– Porque el Hijo del hombre vino a buscar y a salvar lo que se había perdido.

Mira de un lado a otro con la mano sobre tu ceja.

¿Qué Son Tres Cosas Que Hace Un Buscador?

–Marcos 1:37,38– Por fin lo encontraron y le dijeron: —Todo el mundo te busca. Jesús respondió: —Vámonos de aquí a otras aldeas cercanas donde también pueda predicar; para esto he venido.

1. _____

2. _____

3. _____

¿Cómo decidió Jesús donde Ir a Ministrar?

–Juan 5:19,20– Entonces Jesús afirmó: —Ciertamente les aseguro que el hijo no puede hacer nada por su propia cuenta, sino solamente lo que ve que su padre hace, porque cualquier cosa que hace el padre, la hace también el hijo. Pues el padre ama al hijo y le muestra todo lo que hace. Sí, y aun cosas más grandes que éstas le mostrará, que los dejará a ustedes asombrados.

1. _____

   🖐 Pon una mano sobre el corazón y mueve la cabeza en señal de no.

2. _____

   🖐 Pon una mano sobre los ojos; busca izquierda o derecha.

3. _____

   🖐 Apunta con la mano a algún lugar frente a ti y mueve la cabeza en señal de si.

4. _____

   🖐 Levanta las manos en adoración y luego crúzalas sobre tu corazón.

¿Cómo debemos decidir donde Ministrar?

−1 Juan 2:5, 6− En cambio, el amor de Dios se manifiesta plenamente en la vida del que obedece su palabra. De este modo sabemos que estamos unidos a él: el que afirma que permanece en él, debe vivir como él vivió.

¿Cómo podemos saber si Dios esta trabajando?

−Juan 6:44− Nadie puede venir a mí si no lo atrae el Padre que me envió, y yo lo resucitaré en el día final.

¿Dónde esta trabajando Jesús?

−Lucas 4:18-19− El Espíritu del Señor está sobre mí, por cuanto me ha ungido para anunciar buenas *nuevas a los pobres. Me ha enviado a proclamar libertad a los cautivos y dar vista a los ciegos, a poner en libertad a los oprimidos, a pregonar el año del favor del Señor.

1. _____
2. _____
3. _____
4. _____

¿Dónde Es Otro Lugar Donde Jesús Esta Trabajando?

El hombre poseído – Marcos 5

Cornelio – Hechos 10

El carcelero en Filipo – Hechos 16

Versículo de Memoria

–Juan 12: 26– Quien quiera servirme, debe seguirme; y donde yo esté, allí también estará mi siervo. A quien me sirva, mi Padre lo honrará.

PRÁCTICA

"La persona mas alta en la pareja será el líder."

FINAL

Mapa de Hechos 29 – Parte 2 ଔ

8

Compartir

Compartir presenta a Jesús como un Soldado: los soldados combaten a los enemigos, atraviesan travesías y hacen a los presos libres. Jesús es un soldado; cuando lo seguimos, nosotros también somos soldados.

En cuanto nos unimos a Dios donde él esta trabajando, nos encontramos con una guerra espiritual. ¿Cómo vencen los creyentes a Satanás? Lo vencemos con la muerte de Jesús en la cruz, compartiendo nuestro testimonio y no teniendo miedo de morir en nuestra fe.

Un testimonio poderoso incluye compartir historias de mi vida antes de conocer a Jesús, como conocí a Jesús y la diferencia que ha hecho el caminar con Jesús en mi vida. Los testimonios son mas efectivos cuando nos limitamos a compartir por solo tres o cuatro minutos, cuando no compartimos nuestra edad con la gente (porque la edad no importa) y cuando usamos lenguaje que los no creyentes pueden entender fácilmente.

La sesión termina con un concurso: quien puede escribir más rápido los nombres de 40 personas no salvadas que ellos conozcan. Premios son dados al primer, segundo y tercer lugar, pero al final todos reciben un premio porque todos somos ganadores cuando sabemos como dar nuestro testimonio.

ADORACIÓN

ORACIÓN

1. Como podemos orar por la gente perdida que se puede salvar?
2. Como podemos orar por el grupo que estas entrenando?

ESTUDIO

Repaso

¿Cuales Son Ocho Imágenes Que Nos Ayudan A Seguir A Jesús?

Oración
¿Qué son tres cosas que hace un santo?
¿Cómo deberíamos orar?
¿Cómo nos contestara Dios?
¿Cuál es el número de teléfono de Dios?

Obedecer
¿Qué son tres cosas que hace un sirviente?
¿Quién tiene la autoridad más grande?
¿Cuáles son los cuatro mandamientos que Jesús ha dado a cada creyente?
¿Cómo debemos obedecer a Jesús?
¿Qué nos prometió Jesús?

Caminar

¿Qué son tres cosas que hace un hijo?

¿Cuál era la fuente de poder del ministerio de Jesús?

¿Qué prometió Jesús sobre el Espíritu Santo a los creyentes ante la cruz?

¿Qué prometió Jesús sobre el Espíritu Santo a los creyentes después de su resurrección?

¿Cuáles son cuatro mandamientos que debemos seguir sobre el Espíritu Santo?

Ve

¿Cuál son tres cosas que hace un buscador?

¿Cómo decidió Jesús donde ministrar?

¿Cómo debemos decidir donde ministrar?

¿Cómo podemos saber que Dios esta trabajando?

¿Dónde esta trabajando Jesús?

¿Dónde es otro lugar que Jesús esta trabajando?

¿Cómo es Jesús?

—Mateo 26:53— ¿Crees que no puedo acudir a mi Padre, y al instante pondría a mi disposición más de doce batallones de ángeles?

Alza su espada

¿Cuáles Son Tres Cosas que Un Soldado Hace?

—Marcos 1:12-15— En seguida el Espíritu lo impulsó a ir al desierto, y allí fue tentado por Satanás durante cuarenta días. Estaba entre las fieras, y los ángeles le servían. Después de que encarcelaron a Juan, Jesús se fue a Galilea a anunciar las buenas

nuevas de Dios. «Se ha cumplido el tiempo —decía—. El reino de Dios está cerca. ¡Arrepiéntanse y crean las buenas nuevas!»

1. _____

2. _____

3. _____

¿Cómo Derrotamos a Satanás?

—Apocalipsis 12:11— Ellos lo han vencido por medio de la sangre del Cordero Y por el mensaje del cual dieron testimonio; no valoraron tanto su vida Como para evitar la muerte.

1. _____

Apunta a las palmas de tus manos con tu dedo medio y en lenguaje sordomudo di crucifixión

2. _____

Usa tus manos como megáfono y ponlas alrededor de tu boca, como si estuvieras llamando a alguien.

3. _____

Pon tus dos puños juntos como si formaras una cadena.

¿Cual Es Un Esquema Poderoso Del Testimonio?

1. _____

   ✋ Señala al lado izquierdo enfrente de ti.

2. _____

   ✋ Apunta al centro enfrente de ti

3. _____

   ✋ Mira a tu derecha y mueve tu manos de arriba hacia abajo.

4. _____

   ✋ Apunta a tu cien- como si estuvieras pensando en una pregunta.

¿Cuales Son Algunos Esquemas Importantes A Seguir?

1. _____

2. _____

3. _____

Versículo de Memoria

> *—1 Corintios 15:3-4— Porque ante todo les transmití a ustedes lo que yo mismo recibí: que Cristo murió por nuestros pecados según las Escrituras, que fue sepultado, que resucitó al tercer día según las Escrituras,*

PRACTICA

"La persona con la voz mas fuerte será el líder y será el que ira de primero."

Sal y Azúcar ❧

FINAL

¿Quién Hacer Una Lista De Cuarenta Personas Perdidas? ❧

9

Sembrar

Sembrar Introduce a Jesús como sembrador: los sembradores plantan semillas, tienden sus campos, y se regocijan en buena cosecha. Jesús es un Sembrador y él vive en nosotros; cuando le seguimos, nosotros nos convertimos en sembradores también. Cuando nosotros sembramos poco, nuestra cosecha es poca. Cuando sembramos mucho, cosechamos mucho.

¿Qué debemos sembrar en la vida de las personas? Solo el Evangelio sencillo puede transformarlas y traerlas de nuevo a la familia de Dios. Cuando sepamos que Dios esta trabajando en la vida de las personas, compartimos el evangelio sencillo con ellos. Sabemos que solo el poder de Dios puede salvarles.

Adoración

Oración

1. ¿De que manera podemos orar por personas que están perdidas y sabemos que necesitan ser salvadas?
2. ¿Cómo podemos orar por el grupo al que estas entrenando?

Estudiar

Repaso

¿Cuales Son Ocho Fotografías Que Nos Ayuda Seguir A Jesús?
Soldado, Buscador, Pastor, Sembrador, Hijo, Santo, Sirviente y Administrador.

Obedecer
¿Cuáles son tres cosas que un sirviente hace?
¿Quién tiene la mayor autoridad?
¿Cuáles son los cuatro mandamientos que Jesús dio a cada creyente?
¿Cómo debemos obedecer a Jesús?
¿Cuál es una promesa que Jesús le dio a cada creyente?

Caminar
¿Cuáles son tres cosas que un hijo hace?
¿Cuál era el origen del poder de Jesús en el ministerio?
¿Qué fue lo que Jesús prometió acerca del Espíritu Santo antes de ser crucificado?
¿Qué fue lo que Jesús le prometió a los creyentes sobre el Espíritu Santo después de haber resucitado?

¿Cuáles son los cuatro mandamientos del Espíritu Santo que debemos seguir?

Ve

¿Cuáles son tres cosas que un buscador hace?
¿Cómo decidió Jesús en donde ministrar?
¿Cómo debemos decidir en donde ministrar?
¿Cómo debemos saber cuando Dios esta trabajando?
¿Dónde esta Jesús trabajando?
¿Cuál es el otro lugar en el que Jesús esta trabajando?

Compartir

¿Cuáles son tres cosas que un soldado hace?
¿Cómo derrotamos a Satanás?
¿Cuál un esquema para un testimonio poderoso?
¿Cuáles son algunos lineamentos importantes para seguir?

¿Cómo es Jesús?

—Mateo 13:36,37— Una vez que se despidió de la multitud, entró en la casa. Se le acercaron sus discípulos y le pidieron: —Explícanos la parábola de la mala hierba del campo. —El que sembró la buena semilla es el Hijo del hombre —les respondió Jesús—.

Esparce semillas con sus manos

¿Cuáles Son Tres Cosas Que Un Sembrador Hace?

—Marcos 4:26-29— Jesús continuó: «El reino de Dios se parece a quien esparce semilla en la tierra. Sin que éste sepa

cómo, y ya sea que duerma o esté despierto, día y noche brota y crece la semilla. La tierra da fruto por sí sola; primero el tallo, luego la espiga, y después el grano lleno en la espiga. Tan pronto como el grano está maduro, se le mete la hoz, pues ha llegado el tiempo de la cosecha.»

1. _____

2. _____

3. _____

¿Cuál es un Evangelio Simple?

—Lucas 24:1-7— El primer día de la semana, muy de mañana, las mujeres fueron al sepulcro, llevando las especias aromáticas que habían preparado. Encontraron que había sido quitada la piedra que cubría el sepulcro y, al entrar, no hallaron el cuerpo del Señor Jesús. Mientras se preguntaban qué habría pasado, se les presentaron dos hombres con ropas resplandecientes. Asustadas, se postraron sobre su rostro, pero ellos les dijeron: —¿Por qué buscan ustedes entre los muertos al que vive? No está aquí; ¡ha resucitado! Recuerden lo que les dijo cuando todavía estaba con ustedes en Galilea: "El Hijo del hombre tiene que ser entregado en manos de hombres *pecadores, y ser crucificado, pero al tercer día resucitará."

PRIMERO...

1. _____

🖐 Has un gran círculo con tus manos.

2. _____

🖐 Une tus manos.

SEGUNDO...

1. _____

🖐 Levanta tu puño y haz como que si vas a pelar.

2. _____

🖐 Pon tus manos juntas y estíralas hacia enfrente.

TERCERO...

1. _____

🖐 Alza tus manos sobre tu cabeza y luego bájalas
despacio.

2. _____

🖐 Pon el dedo medio en cada una de las palmas de tus manos.

3. _____

🖐 Toca con ti mano izquierda el codo de tu brazo derecho, luego acuesta tu brazo derecho sobre tu brazo izquierdo.

4. _____

🖐 Levanta tu mano solo mostrando tres dedos

5. _____

🖐 Levanta tus manos mostrando tus palmas, luego, levanta tus brazos y crúzalos sobre tu corazón.

CUARTO...

1. _____

🖐 Alza tus manos hacia aquel el cielo.

2. _____

🖐 Palmas sobre la cara; La cabeza mirando hacia otro lado.

3. _____

✋ Alza tus manos

4. _____

✋ Junta tus manos.

Versículo de Memoria

—Lucas 8:15— Pero la parte que cayó en buen terreno son los que oyen la palabra con corazón noble y bueno, y la retienen; y como perseveran, producen una buena cosecha.

PRACTICA

FINAL

¿Dónde esta Hechos 29:21? ଔ

MAPA DE HECHOS 29- PARTE TRES 3 ଔ

10

Recoger

Recoger es la sesión cierre de este seminario. Jesús nos ordeno recoger nuestra cruz y seguirle cada día. El Mapa de Hechos 29 es una foto de la cruz que Jesús nos ha llamado a cargar.

En esta ultima sesión, los alumnos presentaran su Mapa de Hechos 29 a todo el grupo. Después de cada presentación, el grupo pone sus manos sobre el presentador y el Mapa de Hechos 29 orando a Dios para pedirle bendición y unción en su ministerio. El grupo luego reta al presentador a que repita el mandamiento, ¨Recoge tu cruz y sigue a Jesús¨, tres veces. Lo alumnos presentan su Mapa de Hechos 29 tomando turnos hasta que todos hayan presentado. El tiempo de entrenamiento termina con canciones de adoración de compromiso para hacer a los discípulos y una oración final por un líder espiritual reconocido.

ADORACIÓN

ORACIÓN

Repaso

¿Cuales Son Ocho Fotografías Que Nos Ayuda Seguir A Jesús?

Multiplicar
¿Cuales son tres cosas que un administrador hace?
¿Cuál fue el primer mandamiento de Dios al hombre?
¿Cuál fue el ultimo mandamiento de Jesús al hombre?
¿Cómo puedo ser fructífero y multiplicar?
¿Cuáles son los 2 mares que se encuentran en Israel?
¿Por qué son tan diferentes?
¿A cual te quieres parecer?

Amar
¿Cuáles son tres cosas que un pastor hace?
¿Cuál es el mandamiento más importante que debemos enseñar a otros?
¿De donde viene el amor?
¿Qué es la Adoración Sencilla?
¿Por qué tenemos Adoración Sencilla?
¿Cuántas personas se necesitan para tener Adoración Sencilla?

Oración
¿Cuáles son tres cosas que un santo hace?
¿Cómo debemos orar?
¿Cómo nos va a contestar Dios?
¿Cuál es el número de teléfono de Dios?

Obedecer

¿Cuáles son tres cosas que un sirviente hace?

¿Quién tiene la mayor autoridad?

¿Cuáles son los cuatro mandamientos que Jesús dio a cada creyente?

¿Cómo debemos obedecer a Jesús?

¿Cuál es una promesa que Jesús le dio a cada creyente?

Caminar

¿Cuáles son tres cosas que un hijo hace?

¿Cuál era el origen del poder de Jesús en el ministerio?

¿Qué fue lo que Jesús prometió acerca del Espíritu Santo antes de ser crucificado?

¿Qué fue lo que Jesús le prometió a los creyentes sobre el Espíritu Santo después de haber resucitado?

¿Cuáles son los cuatro mandamientos del Espíritu Santo que debemos seguir?

Ve

¿Cuáles son tres cosas que un buscador hace?

¿Cómo decidió Jesús en donde ministrar?

¿Cómo debemos decidir en donde ministrar?

¿Cómo debemos saber cuando Dios esta trabajando?

¿Dónde esta Jesús trabajando?

¿Cuál es el otro lugar en el que Jesús esta trabajando?

Compartir

¿Cuáles son tres cosas que un soldado hace?

¿Cómo derrotamos a Satanás?

¿Cuál un esquema para un testimonio poderoso?

¿Cuáles son algunos lineamentos importantes para seguir?

Sembrar

¿Cuáles son tres cosas que un sembrador hace?

¿Cuál es el Evangelio sencillo que nosotros enseñamos?

ESTUDIAR

¿Qué Es Lo Que Jesús Manda Que Deben Hacer Sus Seguidores Cada Día?

> *—Lucas 9-23—* *Dirigiéndose a todos, declaró: —Si alguien quiere ser mi discípulo, que se niegue a sí mismo, lleve su cruz cada día y me siga.*

_____

¿Cuáles Son Cuatro Voces Que Nos Llaman A Recoger Nuestra Cruz?

> *—Marcos 16:15—* *Les dijo: "Vayan por todo el mundo y anuncien las buenas nuevas a toda criatura."*

1. _____

   🖐 Alza tus manos y usa tus dedos para señalar el cielo.

> *—Lucas 16:27-28—* *Él respondió: "Entonces te ruego, padre, que mandes a Lázaro a la casa de mi padre, para que advierta a mis cinco hermanos y no vengan ellos también a este lugar de tormento."*

2. _____

   🖐 Apunta tus dedos hacia el suelo."

—1 Corintios 9-16— Sin embargo, cuando predico el evangelio, no tengo de qué enorgullecerme, ya que estoy bajo la obligación de hacerlo. ¡Ay de mí si no predico el evangelio!

3. _____

🖐 Apunta tus dedos hacia tu corazón

LA VOZ EXTERNA

—Hechos 16:9— Durante la noche Pablo tuvo una visión en la que un hombre de Macedonia, puesto de pie, le rogaba: «Pasa a Macedonia y ayúdanos.»

4. _____

🖐 Extiende tus manos hacia el grupo y luego tráelas hacia ti, como si les estuvieras diciendo ¨vengan¨

MAPA DE HECHOS 29 ☙

Entrenando Entrenadores

Esta sección detalla como entrenar a los entrenadores en un modo reproducible. Primero, compartiremos contigo los resultados que puedes esperar luego de entrenar a otros con *"Formando Discípulos Radicales."* Luego, te detallaremos el proceso de entrenamiento, que incluye 1) adoración, 2) oración, 3) estudio y 4) práctica, basado en el mandamiento más importante. Finalmente, compartimos algunos principios claves en el entrenamiento de entrenadores, que hemos descubierto mientras entrenábamos miles de entrenadores.

RESULTADOS

Luego de terminar *"Formando Discípulos Radicales,"* los aprendices serán capaces de:

- Enseñar diez lecciones de discipulado básico, basadas en Cristo, par otros. Usando un proceso de entrenamiento reproducible.
- Recordar claramente ocho imágenes que representan a un seguidor de Jesús.
- Liderar un pequeño grupo en una simple experiencia de adoración, basada en el mandamiento más importante.
- Compartir un testimonio poderoso y presentar el evangelio con confianza.

71

- Presentar una visión concreta para alcanzar a los no creyentes y creyentes que están entrenando, usando un mapa de Hechos 29.
- Empezar un grupo de discipulado (de los cuales algunos se convertirán en iglesias) y entrenar a otros para hacer lo mismo.

PROCESO

Cada sesión sigue el mismo formato. Enlistado abajo esta el orden y el tiempo de duración estimado:

ALABANZA

- 10 minutos -- Pídele a alguien que abra la sesión, orando por la bendición y dirección de Dios para todos en el grupo. Escoge a alguien en el grupo para liderar un par de himnos y coros (dependiendo del contexto de la lección); un instrumento es opcional.

ORACIÓN

- 10 minutos -- Divide a los alumnos en parejas, con alguien con quien no han sido compañeros. Los compañeros comparten mutuamente la respuesta a estas dos preguntas:

  1. ¿Como podemos orar por los no creyentes que pueden ser salvos?
  2. ¿Como podemos orar por el grupo que estas entrenando?

- Si un aprendiz no ha empezado un grupo, su compañero deberá trabajar con el para desarrollar una lista de posibles amigos y familia que entrenar. Luego ora junto al aprendiz, por la gente que esta en la lista.

ESTUDIO

El sistema de¨ Siguiendo el Entrenamiento de Jesús¨ usa el siguiente proceso: Alabanza, Oración, Estudio y Práctica. Este proceso esta basado en el modelo de Adoración Simple, que es explicado en la página 33. Para las diez lecciones en el manual de Siguiendo el Entrenamiento de Jesús, la sesión de "Estudio" esta descrita abajo:

- 30 minutos -- Cada sección de "Estudio" empieza con un "Repaso". Es un repaso de las ocho imágenes de Cristo y de las lecciones dominadas hasta ese punto. Para el final del entrenamiento, los aprendices serán capaces de recitar todo el entrenamiento de memoria.
- Después del "Repaso", el entrenador o alumno del entrenador, entrena a los aprendices en la lección actual, enfocando que los alumnos deberán de prestar mucha atención porque ellos se entrenaran mutuamente luego.
- Cuando el entrenador presente la lección, ellos deberán seguir la siguiente secuencia:

  1. Hacer la pregunta.
  2. Leer la Escritura.
  3. Alentar a los alumnos a responder la pregunta.

Este proceso pone la palabra de Dios como autoridad para la vida, no como enseñanza. Muy a menudo los maestros hacen una pregunta, dan la respuesta y luego respaldan su respuesta con un versículo bíblico. Esa secuencia pone al maestro como autoridad, en vez de la palabra de Dios.

- Si los alumnos responden la pregunta incorrectamente, no los corrijas pero pregúntale a los participantes si pueden leer la cita bíblica en voz alta y si puede contestar nuevamente.

- Cada lección termina con un versículo de memoria. Entrenadores y alumnos se paran juntos y recitan el versículo de memoria diez veces; diciendo la cita primero, seguido por el versículo. Los alumnos pueden usar sus biblias o sus guías de estudio las primeras seis veces que dicen el versículo. Sin embargo, las últimas cuatro veces lo deben decir de memoria. El grupo entero lo recita diez veces y luego se sientan.

PRACTICA

- 30 minutos -- Anteriormente los entrenadores dividieron a sus alumnos para el segmento de "Oración". Su pareja de oración será su pareja de práctica.
- Cada lección tiene un método para escoger quien será el "líder" del pequeño grupo. El líder es la persona que enseñara primero. El entrenador anuncia al grupo el método para escoger el líder de la pareja.
- Imitando a los entrenadores, el líder entrena a su pareja. El periodo de entrenamiento deberá incluir el repaso y la nueva lección, y deberá terminar con el versículo de memoria. Los alumnos se levantan para recitar el versículo de memoria y se sientan cuando terminan, así los entrenadores pueden ver quienes han terminado.
- Cuando la primera persona del grupo termina, la segunda persona repite el proceso, así ellos pueden practicar el entrenamiento también. Asegúrate que la pareja no se salte ningún paso.
- Camina alrededor del cuarto mientras ellos están practicando, de manera que estés seguro que ellos te están siguiendo. El fracaso en hacer los gestos de mano es una señal de que ellos no te están imitando. Acentúa repetidamente que ellos deben copiar tu estilo.

- Hazlos encontrar una nueva pareja y tomar turnos practicando.

FINAL

- 20 minutos -- La mayoría de las sesiones terminan con una actividad de aprendizaje. Dale a los alumnos suficiente tiempo para trabajar en su mapa de Hechos 29 y motívalos a caminar alrededor del cuarto y tomar ideas de los otros.
- Haz cualquier anuncio necesario y luego pídele a alguien que ore en agradecimiento y bendición de la sesión. Pídele a alguien que no ha orado antes, que ore al final del entrenamiento, todos deben haber orado al menos una vez.

Adoración Sencilla

La adoración sencilla es un componente critico en ¨Siguiendo el Entrenamiento de Jesús¨ - es una de las claves esenciales para formar discípulos. Basado en el mandamiento más importante, la Adoración Sencilla enseña a la gente como obedecer el mandamiento de amar a Dios con todo su corazón, con todo su espíritu, toda su mente y toda su fuerza.

Dios ha bendecido a pequeños grupos a través de todo el Sureste de Asia, quienes han descubierto que pueden tener la Adoración Sencilla en cualquier lado − hogares, restaurantes, el parque, en la escuela dominical, ¡aun en la Pagoda!

PROCESO

- Sepárense en grupos de cuatro.
- Cada persona toma una parte diferente de Adoración Sencilla.
- Cada vez que practiquen Adoración Sencilla, los alumnos rotan la parte que dirigen, de tal modo que para el final del entrenamiento cada uno habrá dirigido cada parte dos veces.

Alabanza

- Una persona dirige al grupo cantando dos coros o himnos (dependiendo del contexto).
- Instrumentos no son necesarios.
- En la sesión de entrenamiento, pídele a los aprendices de poner sus sillas como si están en un café hablando.
- Cada grupo estará cantando diferentes himnos (esto es bueno).
- Explícale al grupo que este es un tiempo para adorar a Dios con todo su corazón como grupo, no para ver que grupo canta más alto.

Oración

- Otra persona (diferente de quien dirigió la alabanza) dirige al grupo en el tiempo de oración.
- El líder de oración le pregunta a cada uno de los miembros del grupo si tiene una petición y la escribe.
- El líder de oración se compromete a orar por estas peticiones hasta que el grupo se vuelva a reunir.
- Luego de que cada persona ha compartido su petición, el líder de oración ora por el grupo.

Estudio

- Otra persona en el grupo de cuatro dirige el tiempo de estudio en grupo.
- El líder de estudio cuenta una historia de la Biblia en sus propias palabras; recomendamos historias de los Evangelios, al menos al principio.

- Dependiendo del grupo, puedes pedirle a los líderes de estudio que primero lean la historia de la Biblia y luego la relaten en sus propias palabras.
- Después de que el líder de estudio cuenta la historia, el hace al grupo tres preguntas:

    1. ¿Qué nos enseño esta historia sobre Dios?
    2. ¿Qué nos enseño esta historia sobre la gente?
    3. ¿Qué aprendí de esta historia que me ayudara a seguir a Jesús?

- El grupo discute cada pregunta juntos hasta que el líder de estudio siente la discusión menguar; entonces el líder pasa a la siguiente pregunta.

Práctica

- Otra persona en el grupo de cuatro dirige el tiempo de práctica.
- El líder de practica ayuda al grupo a repasar la lección y se asegura que todo el mundo entienda la lección y que puedan enseñarla a otros.
- El líder de práctica cuenta la misma historia que conto el líder de estudio.
- El líder de práctica hace las mismas preguntas que el líder de estudio y el grupo las vuelve a discutir.

Final

- El grupo de Adoración Sencilla termina el tiempo de adoración cantando otra canción de alabanza o haciendo la oración a Dios, juntos.

Estudios Posteriores

Consulte los siguientes recursos para más profundidad en la discusión de la presentación del tema. En las nuevas áreas en los trabajos de misión, esta también es una buena primera lista de libros para traducir después de La Biblia.

Billheimer, Paul (1975). *Destinado al Trono. Literatura Cruzada Cristiana.*

Blackaby, Henry T. and King, Claude V (1990). *Experimentando a Dios: Sabiendo y Haciendo la Voluntad de Dios.*

Bright, Bill (1971). *Como Ser Lleno del Espíritu Santo. Campo Cruzado para Cristo.*

Carlton, R. Bruce (2003). *Hechos 29: Entrenamiento Practico en el Facilita miento de la Planeación de los Movimientos de la Iglesia entre los Campos de Cosecha Negligente. Presión Kairos.*

Chen, John. Entrenamiento para Entrenadores (T4T). *Sin publicar, sin fecha..*

Graham, Billy (1978). *El Espíritu Santo: Activando el Poder de Dios en Nuestras Vidas. W Grupo Publicitario.*

Hodges, Herb (2001).¡ *Tally Ho la Zorra! La Fundación Para Construir Visión Mundial, Impacto Mundial, Reproduciendo Discípulos. Ministerio Espirituales del Ministerio.*

Hybels, Bill (1988). *Muy Ocupado Para Orar.*

Murray, Andrew (2007). *Con Cristo en la Escuela de Oracion.* Presion Digory.

Ogden, Greg (2003). *Transformando el Dicipulado.* Haciendo Dicipulos Unos Cuantos a la Ves. Intervarsity Press.

Packer, J. I (1993). Conociendo a Dios. Intervarsity Press.

Patterson George y Sacoggins, Richard (1994(. *Guia para Multiplicar una Iglesia. Bibliotieca William Carey.*

Piper, John (2006). *Que es lo Que Jesús demanda de este mundo. Crossway Books*

www.ingramcontent.com/pod-product-compliance
Lightning Source LLC
Chambersburg PA
CBHW060649030426
42337CB00017B/2526